AF626442

Für Nieke

Erhard Dietl · Sabine Seyffert

Die Olchis

Das krötige Bastelbuch aus Schmuddelfing

Erhard Dietl · Sabine Seyffert

Die Olchis

Das krötige Bastelbuch aus Schmuddelfing

INHALT

Sabine Seyffert ist staatlich anerkannte Erzieherin und Entspannungspädagogin, schreibt Bücher für Kinder und führt Fortbildungen und Veranstaltungen zu diesen Themen durch. Seit 1994 arbeitet die Mutter von vier Kindern auch als Kinderbuchautorin und hat seitdem mehr als 80 Bücher veröffentlicht, in denen die Themen Kreativität, Beschäftigung und Entspannung für Kinder im Vordergrund stehen. Mehrfach die Woche führt sie an verschiedenen Grundschulen kreative Kunst-Workshops für Kinder durch, wo die bunten DIY-Ideen stets mit viel Freude und Herzblut getestet werden. Besonders regelmäßig wird auch hier mit kostenlosem Upcycling Material gewerkelt. Auf ihrem kunterbunten Familienblog „Insel der Stille" veröffentlicht sie seit 2013 regelmäßig kreative DIY-Ideen für Klein und Groß, Fantasiereisen und andere Entspannungsübungen für Kinder, Ausflugstipps, Rezeptideen u.v.m.

Mehr Infos und Kontakt unter:
Praxis für Entspannungspädagogik & Kreativität
Sabine Seyffert
Kinderbuchautorin, Bloggerin & freie Journalistin
www.sabine-seyffert.de

**„Fliegenschiss und Olchi Furz,
das Leben ist doch viel zu kurz!
Wir lieben Schlick und Schlamm
und Schleim, das Leben kann
nicht schöner sein!"**

VORWORT

Besonders schön ist das Leben, wenn es kreativ, fröhlich, aufregend und so bunt zugeht wie bei den Olchis in Schmuddelfing auf der Müllkippe. Und wenn du die lustigen Olchis ebenso gerne magst wie ich, dann ist dieses Bastelbuch ganz genau das Richtige für dich.

Denn darin finden sich muffelfurzteuflisch gute Olchi-Ideen zum Basteln, Mitmachen, Spaß haben, Gefurztag feiern und Dekorieren.
Schließlich ist bei der Olchi-Familie immer etwas los. Ganz besonders gerne feiern sie ja bekanntlich Gefurztag. Und das nicht nur einmal im Jahr, wie bei uns, sondern sooft sie Lust haben. Ist das nicht cool?
Mit den DIY-Ideen in diesem Buch kannst du nicht nur deinen Alltag olchiger gestalten, sondern du wirst garantiert für reichlich gute Laune sorgen.
Doch bevor wir nun mit den olchigen Bastelideen starten, möchte ich dir gerne noch ein paar hilfreiche Tipps rund ums Basteln geben.

Viel Spaß beim Kreativsein und mit den Olchis,

deine Sabine

GRUNDLAGEN

WERTVOLLE TIPPS ZUM BASTELN

BEVOR ES LOSGEHT

Bevor wir mit dem Basteln starten, gibt es natürlich noch ein paar Regeln zu beachten. Schließlich möchtest du dein Kinderzimmer ja nicht in eine schmuddelige Olchi-Höhle verwandeln. Also aufgepasst:

1. Zieh dir zum Basteln immer einen Malkittel an, da sich Farben und Kleber schwer aus Kleidung entfernen lassen. Es reicht ein altes Oberteil eines Erwachsenen mit langen Ärmeln. Das ist auch gleich viel olchiger.

2. Decke den Tisch immer gut mit einer abwaschbaren Tischdecke, einer Malunterlage oder einer alten Zeitung ab, da beim Basteln oftmals etwas Farbe oder flüssiger Kleber daneben geht und so die Möbel geschützt bleiben.

3. Pinsel müssen nach dem Malen immer gründlich gereinigt werden. Spüle sie mit reichlich warmem Wasser aus, bis keine Farbe mehr an den Borsten zu finden ist. Stelle die Pinsel immer mit dem Stiel nach unten zum Trocknen in ein Glas oder einen Becher.

4. Normalerweise reicht einfacher Bastelkleber oder ein Klebestift bei den Bastelideen aus. Manchmal jedoch ist eine Heißklebepistole hilfreich. Aber aufgepasst, die wird sehr heiß und man kann sich daran schnell verbrennen. Bitte lass dir hier immer von einem Erwachsenen helfen!

5. Für Pappe kann man wunderbar leere Kartons nutzen, wenn man diese mit einem scharfen Bastelmesser auseinanderschneidet. Achtung – die sind sehr scharf und gehören nicht in Kinderhände. Bitte in dem Fall einen Erwachsenen, dir die Kartonage auseinanderzuschneiden.

6. Bei einer der Bastelideen kommt Sprühlack zum Einsatz. Dieser sollte ebenfalls nur unter Aufsicht eines Erwachsenen verwendet werden. Und das am besten draußen an der frischen Luft, damit sich der Geruch schnell verflüchtigt.

7. Auch wenn sich Olchis auf der Müllkippe ziemlich wohlfühlen, solltest du nach dem Basteln alles wieder aufräumen und das benötigte Material säubern. So hast du beim nächsten Mal auch alles gleich wieder griffbereit und kannst direkt mit dem Basteln loslegen.

SELBST GEMACHTES BASTELPAPIER

Besonders gerne bastle ich übrigens mit selbst gemachtem Bastelpapier, das sich ganz leicht aus alten Tageszeitungen und Farbe herstellen lässt. Da dies bei einem Großteil der Bastelideen im Buch zum Einsatz kommt und sich mit dieser Idee wirklich viel machen lässt, werde ich euch natürlich verraten, wie genau man solches Papier bastelt.
Los geht's!

1. Schnapp dir einen Wasserfarbkasten mit Deckweiß (alternativ Bastelfarbe), breite Borstenpinsel und eine alte Tageszeitung. In der sollte möglichst viel gedruckter Text und wenige Bilder zu finden sein.

2. Die Zeitungsseiten kannst du nun mit Farbe bemalen, der Text darf hierbei gerne noch durchscheinen.

3. Wenn du Wasserfarben verwendest, achte darauf, möglichst viel Farbe und nur wenig Wasser zu verwenden, damit die Farbe gut deckt. Mit Hilfe von Deckweiß lassen sich hier tolle Farben mischen und das Papier entsprechend bunt gestalten.

4. Falls du lieber mit Bastelfarbe arbeiten möchtest, ist auch das kein Problem. Verdünne sie erst mit etwas Leitungswasser, da die Farbe recht dickflüssig ist. So lässt sie sich zum einen deutlich besser verteilen und zum anderen schimmert auf diese Weise auch der Text noch ein wenig durch.

5. Anschließend die Zeitung gut durchtrocknen lassen.

6. Je mehr Farben du dir von dem selbst gemachten Zeitungspapier anfertigst, desto größer ist nachher beim Basteln die Auswahl.

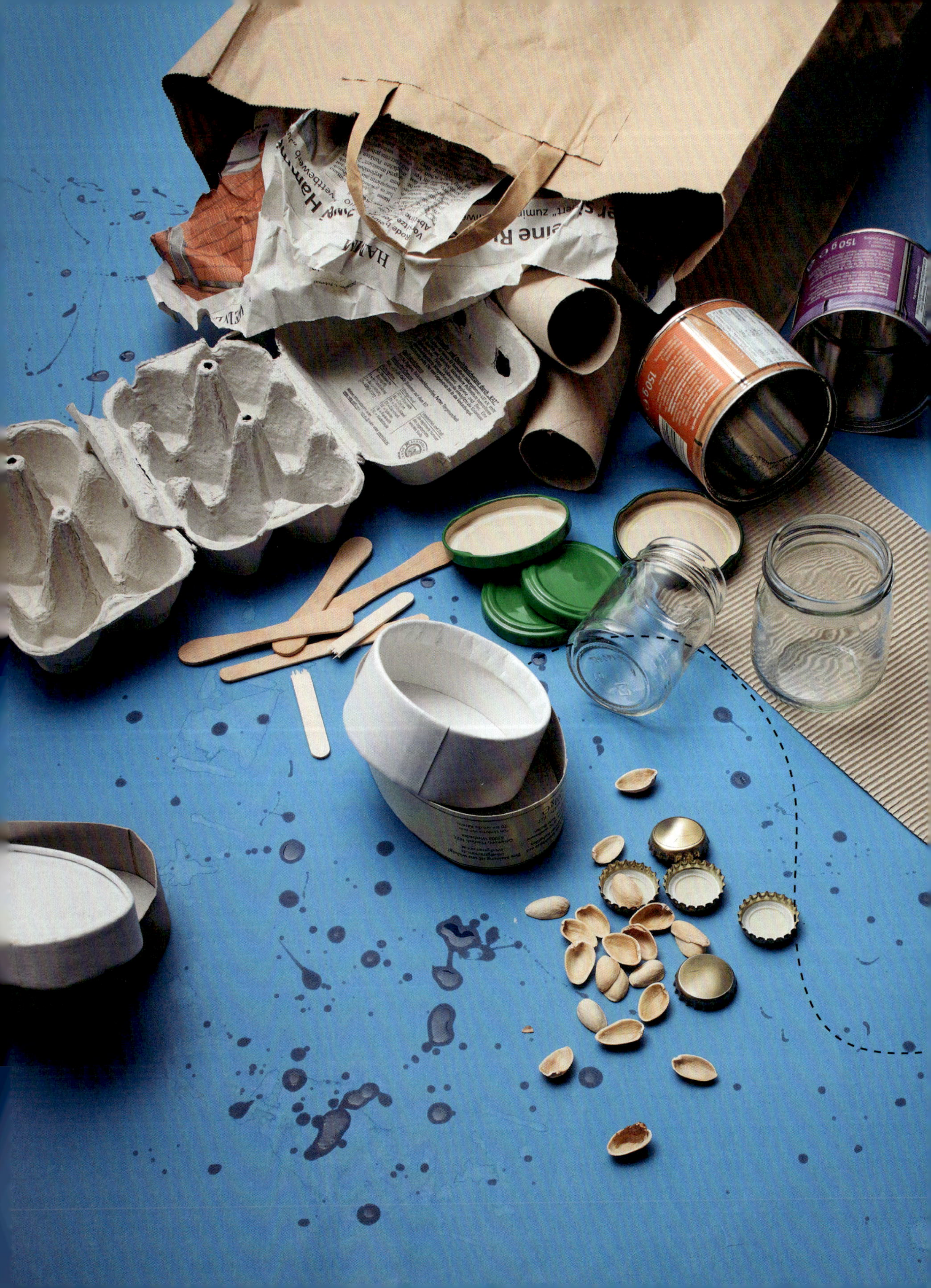

MATERIALIEN

Ein Großteil der im Buch enthaltenen Bastelideen wird mit Material gebastelt, das jeder zuhause hat und in der Regel im Müll landet:

- **Pappe / Karton**
- **Zeitungspapier**
- **Klorollen**
- **Sektkorken**
- **Eierkartons**
- **Deckel und Kronkorken**
- **Käseschachteln in rund und oval**
- **Leere Konservendosen und Marmeladengläser**
- **Eisstiele**
- **Pistazienschalen**

Diese Materialien sind nicht nur kostenlos und ersparen einem den Gang in den Bastelladen, sondern sie sind zum Kreativsein hervorragend geeignet. Vor allen Dingen aber hat man diese Sachen in der Regel fast immer zur Hand und kann schnell loslegen, wenn einen das Bastelfieber packt. Zu guter Letzt sind diese natürlich auch deutlich nachhaltiger, schonen die Umwelt und den Geldbeutel.

OLCHIGE BASTELIDEEN

Schleime-Schlamm und Krötenfurz!

FEUERSTUHL-LATERNE

Ob im Herbst zur Laternenzeit oder als leuchtende Partydeko auf einer Geburtstagsfeier: Der Drache Feuerstuhl sorgt für warmen Lichterglanz und ist ein echter Hingucker!

1. Übertrage die Vorlagen für den Drachenkörper und die Drachenflügel (S. 70) auf dünne Pappe und schneide sie aus.

2. Zeichne mit Hilfe eines Zirkels einen Kreis auf die beiden Pappteller, sodass sie die Größe des glatten Innenteils haben, und schneide sie aus.

3. Male den Drachen (beidseitig) und die beiden Pappteller von außen mit grüner Farbe an.

4. Beklebe die beiden Drachenflügel mit blauem Papier und schneide alle überstehenden Ränder ab. Reiße das blaue Bastelpapier in kleine Stücke und beklebe den restlichen Drachenkörper damit.

5. Zeichne mit dem Zirkel zwei Kreise auf das grüne Transparentpapier, die etwas größer als die Papptelleröffnung sind. Bestreiche den äußeren Rand dünn mit Uhu und fixiere diese von innen an den Tellern.

6. Loche aus dem Bastelpapier zwei weiße und zwei rosa Punkte und klebe sie dem Drachen als Augen und Wangen auf beide Seiten des Kopfes auf. Schneide zwei Ovale aus braunem Bastelpapier aus und klebe sie ebenfalls auf beide Seiten als Nasenlöcher auf.

   Schneide aus dem weißen Papier zwei Zähne aus und klebe sie unter die Drachennase.

7. Zeichne mit dem Fineliner erst einen Punkt in jedes Auge, dann die Drachenkrallen an den Beinen.

8. Klebe die Flügel mit etwas Uhu von außen auf das Transparentpapier.

9. Stanze mit der Lochzange eine kleine Öffnung oben mittig in den Drachen. Diese kann man mit Hilfe von kleinen Metallösen und einer Nietenzange befestigen. Lass dir hierbei von einem Erwachsenen helfen.

10. Ziehe die Kordel hindurch und knote die Enden zusammen. Daran lässt sich die Laterne an dem Laternenstab aufhängen.

Du brauchst

- 2 runde Pappteller (klein)
- Pappe
- Transparentpapier in Grün
- Zirkel
- Lochzange
- Kordel
- selbst gemachtes Bastelpapier in Blau, Weiß, Rosa, Braun
- Bastelfarbe in Grün
- Fineliner in Schwarz, permanent
- Uhu Klebestift
- 2 Metallösen und Nietenzange

KRÖTIGE PARTYLICHTER

Tipp

Mit Hilfe eines Bastelmessers kann man den Olchi-Mund auch aus den Windlichtern heraustrennen und etwas weißes Transparentpapier von innen dahinter kleben.

Geburtstagskerzen sind toll, aber wie wäre es zur Abwechslung mit krötigen Partylichtern im coolen Olchi-Look? Ob als stimmungsvolle Deko auf dem Gartenfest oder Tischdeko beim Kindergeburtstag: So lustige Olchis hat garantiert niemand!

1 Rühre in einem Glas etwas Tapetenkleister mit lauwarmem Wasser an. Achtung: Der Kleister braucht ein paar Minuten zum Ziehen und dickt nach. Ist der Kleister zu dick, einfach mit etwas Leitungswasser verdünnen, oder noch etwas Kleister einrieseln lassen, sollte die Masse zu dünnflüssig sein.

2 Pumpe die Wasserbombe mit Hilfe einer Luftballonpumpe auf und knote diese oben fest zu. Sie sollte etwa die Größe eines Apfels haben. Binde unterhalb des Knotens ein längeres Stück Kordel fest, an dem sich der Ballon später zum Trocknen aufhängen lässt.

3 Schneide das grüne Transparentpapier in kleine Stücke.

4 Bestreiche den Ballon dünn mit Kleister und bedecke ihn Stück für Stück mit den Transparentpapierschnipseln. Achte darauf, dass die Schnipsel glatt anliegen. Verteile dazu Kleister dünn über die Ecken, sodass auch diese gut anliegen.

5 Umhülle den Ballon mit drei Papierschichten, damit später noch Licht hindurchscheinen kann und die Olchis schön leuchten. Hänge ihn zum Trocknen an der Kordel auf.

6 Schneide den Ballon nach dem Trocknen oben auf und ziehe ihn vorsichtig heraus. Begradige den Rand gleichmäßig mit Hilfe einer Schere.

7 Schneide aus dem weißen Bastelpapier Augen aus und klebe sie mit Kleister an. Tupfe mit der schwarzen Bastelfarbe kleine Punkte in jedes Auge.

8 Übertrage die Vorlagen (S. 70) der drei Hörhörner und der Nase auf grünes Tonpapier, schneide alles aus und klebe sie mit etwas Heißkleber an. Lass dir hierbei von einem Erwachsenen helfen. Male zum Schluss noch den Mund auf.

Du brauchst

- Wasserbomben (eine pro Licht)
- Luftballonpumpe
- Kordel
- selbst gemachtes Bastelpapier
- Tonpapier in Grün
- Transparentpapier in Grün, Weiß
- Tapetenkleisterpulver
- Wasser
- Fineliner in Schwarz, permanent
- Bastelfarbe in Schwarz
- Heißklebepistole und Klebepatronen
- elektrische Teelichter

HAPPY-GEFURZTAGS-ÜBERRASCHUNGSBOX

Was wäre ein Geburtstag ohne Überraschungen? Mit dieser lustigen Idee gibt es gleich einen ganzen Schwung an witzigen Dingen, die auf keiner Feier fehlen sollten!

1. Schneide aus dünner Pappe drei Hörhörner aus. Bemale diese und die Käseschachtel mit grüner Bastelfarbe.
2. Zeichne mit Hilfe eines Bleistifts den Umriss des Käseschachtelbodens auf blaues Bastelpapier und schneide diesen aus.
3. Stemple einen Geburtstagsgruß auf das ausgeschnittene Bastelpapier. Schneide aus den anderen Bastelpapieren viele kleine Dreiecke aus, die du mit Uhu als Girlande über den Schriftzug klebst.
4. Klebe das Oval nun mit Uhu auf die Innenseite des Käseschachtelbodens.
5. Schneide für den Olchi-Kopf Augen, Nase und Zahn aus dem Bastelpapier aus. Klebe alles auf den bemalten Deckel der Käseschachtel und male einen Mund mit Fineliner auf das Gesicht. Male mit grüner Pastellkreide noch Wangen auf und verwische sie leicht.
6. Bitte einen Erwachsenen, dir drei ca. 1 cm breite Schlitze mit einem scharfen Bastelmesser in den Olchi-Kopf zu schneiden (am oberen Rand des Deckels). Stecke die Hörner hindurch und klappe ca. 1 cm des unteren Rands um. Fixiere dies mit Uhu, damit die Hörner nicht abfallen.

Du brauchst

- Käseschachtel (oval oder rund mit Deckel und Boden)
- Bastelfarbe in Grün
- selbst gemachtes Bastelpapier in verschiedenen Farben
- dünne Pappe
- Fineliner in Schwarz, permanent
- Bastelmesser
- Stempel und Stempelkissen
- Pastellkreide in Grün
- Uhu Klebestift

Tipp

Fülle die Box für die perfekte Überraschung noch mit selbstgemachtem Konfetti und einer Kleinigkeit, die auf keinem Geburtstag fehlen sollten, wie beispielsweise Luftschlangen, Luftballons, ein Luftrüssel, Partyschirm, eine Geburtstagskerze o.ä.

OLCHI-LESEZEICHEN

Ganz bestimmt hast du auch Bücher von den Olchis zu Hause. Wie wäre es mit einem furzfantastischen Lesezeichen, damit du ab sofort nie mehr vergisst, an welcher Stelle du das Buch aus der Seite gelegt hast, bevor du schlafen musstest?

1. Stanze mit Hilfe der Lochzange unten mittig ein kleines Loch in den Eisstiel. Achte darauf, die Lochzange mit Gefühl zusammenzudrücken und den Stiel dabei vorsichtig hin und her zu drehen.
2. Bestreiche den Eisstiel dünn mit grüner Bastelfarbe und lass ihn trocknen.
3. Schneide aus dem Tonkarton die drei Hörhörner, eine Olchi-Nase und einen spitzen Zahn aus. Klebe alles bis auf den Zahn mit Uhu an den Eisstiel.
4. Tupfe mit einem Streichholz und weißer Bastelfarbe zwei Augen über der Nase auf. Sobald diese getrocknet sind, stempelst du zwei kleine schwarze Pünktchen mit schwarzer Farbe hinein.
5. Male mit dem Stift einen Mund auf und klebe den Zahn darunter.
6. Ziehe zum Schluss ein Stück Wolle unten durch das kleine Loch. Knote die beiden Fäden darunter zusammen und ziehe sie etwas auseinander.

Tipp

So ein selbst gemachtes Lesezeichen ist ein prima Mitbringsel und schnell gebastelt. Vielleicht hast du ja auch im Freundeskreis jemanden, der gerne liest und die Olchis so sehr liebt wie du!

Du brauchst

- Eisstiel
- Lochzange
- Uhu Klebestift
- Bastelfarbe in Grün, Weiß, Schwarz
- Pinsel oder bunte Lackstifte
- Fineliner in Schwarz, permanent
- Streichholz
- Wolle in Grün
- Tonkarton in Grün

COOLER EIERKOPF-OLCHI

Du brauchst

- Pappe
- Schwamm
- selbst gemachtes Bastelpapier in Grün, Hellblau
- leerer Eierkarton
- Wolle in Grün
- etwas Zeitung
- Lochzange
- Kordel
- Bastelfarbe in Grün, Weiß, Schwarz
- Fineliner in Schwarz, permanent
- Uhu Klebestift

Muffelfurzteufel, hat man sowas schon gesehen? Ein echter Olchi-Eierkopf - gebastelt aus leerem Eierkarton und er eignet sich perfekt als Geschenkanhänger.

1. Schneide aus dem leeren Eierkarton seitlich ein Stück für den Olchi-Kopf heraus. Aus dem Deckel schneidest du dir drei Hörhörner aus.
2. Übertrage die Vorlage (S. 70) des Anhängers auf Pappe und schneide ihn aus.
3. Aus einem Stück Pappe kannst du dir zum Verzieren Wellpappe selber machen. Dazu nimmst du einen sauberen feuchten Schwamm und streichst damit ein paar Mal über die obere Seite. Nach ein paar Minuten lässt sich die oberste Papierschicht abziehen und darunter kommt der Wellenkarton zum Vorschein.
4. Die Hörhörner, den Olchi-Kopf und die Wellpappe bemalst du dünn mit grüner Farbe. Schneide aus grünem Bastelpapier eine Olchi-Nase aus.
5. Beklebe den Anhänger mit einem Stück blauem Bastelpapier und schneide die überstehenden Ränder mit der Schere ab.
6. Klebe die Einzelteile des Olchis zusammen. Mit ein paar grünen Wollfäden kannst du die abstehenden Haare gestalten.
7. Rolle ein kleines Stück Zeitungspapier zusammen und klebe es von hinten an den Olchi-Kopf. So erhältst du mehr Auflagefläche und der Olchi lässt sich besser auf dem Anhänger festkleben.
8. Fixiere den Eierkarton nun mit etwas Heißkleber auf dem Anhänger. Lass dir hierbei von einem Erwachsenen helfen.
9. Tupfe mit einem Streichholz und weißer Bastelfarbe zwei kleine Augen auf. Nach dem Trocknen stempelst du zwei kleine schwarze Punkte hinein. Zeichne mit dem Fineliner einen Mund. Klebe mit Uhu die Olchi-Nase auf das Gesicht.
10. Schneide dir aus dünnerer Pappe einen Wimpel zu und versehe ihn mit einem Namen oder Gruß. Klebe ihn und den Streifen Wellpappe unter das Gesicht.
11. Stanze oben mittig mit der Lochzange eine Öffnung hinein und ziehe ein Stück Kordel durch das Loch. Verknote die Enden.

OLCHI AM STIEL

Möchtest du auch einmal so einen krötigen Gefurztag wie die Olchis feiern? Wie wäre es mit dieser stinkigen Gefurztagseinladung?

1. Übertrage die Vorlage (S. 71) des Olchi-Kopfes einmal auf Pappe und einmal auf weißes Papier und schneiden beides aus.

2. Klebe grünes Bastelpapier auf die Pappe und schneide die überstehenden Ränder mit einer Schere ab.

3. Male mit dem Fineliner einen Mund auf und schneide aus weißem Bastelpapier Augen und einen spitzen Zahn aus. Klebe den Zahn unter den Mund, die Augen oben ins Gesicht.

4. Ritze den Olchi-Kopf in der Mitte etwa 1 – 1,5 cm vorsichtig mit einem scharfen Bastelmesser ein. Lass dir dabei unbedingt von einem Erwachsenen helfen! Ziehe die Wasserbombe so durch die schmale Öffnung, dass der runde Teil als Nase zu sehen ist.

5. Stempele mit Buchstabenstempeln den gewünschten Schriftzug auf den Stiel. Lasse dabei oben Platz frei für den Kopf.

6. Klebe den Kopf mit etwas Heißkleber an den beschrifteten Stiel.

7. Notiere auf dem weißen Olchi-Kopf alle wichtigen Infos zur Geburtstagsfeier und klebe diesen von hinten mit Uhu an.

Du brauchst

- Pappe
- Papier in Weiß
- Eisstiel
- selbst gemachtes Bastelpapier in Grün, Weiß
- Fineliner in Schwarz, permanent
- Wasserbombe in Grün
- Uhu Klebestift
- Buchstabenstempel und Stempelkissen
- Heißklebepistole und Klebepatronen

Tipp

Statt „Einladung“ kann man auch die Namen des Geburtstagsgasts auf den Stiel stempeln.

FISCHGRÄTEN-GIRLANDE

Auf der Müllkippe in Schmuddelfing wimmelt es an jeder Ecke vor Fischgräten. Da Olchis diese so lieben, habe ich eine tolle Party-Girlande daraus gebastelt.

1. Übertrage die Fisch-Vorlage (S. 71) in gewünschter Stückzahl auf die Pappe und schneide die Fische aus. Verfahre mit der Fischgräten-Vorlage gleich, nur dass du diese auf buntes Bastelpapier überträgst.
2. Klebe die bunten Fischgräten mit Uhu auf die Pappfische.
3. Tupfe mit einem Streichholz und weißer Bastelfarbe zwei Augen über der Nase auf. Sobald diese getrocknet sind, stempelst du zwei kleine schwarze Pünktchen mit schwarzer Farbe hinein.
4. Male jedem Fisch einen Mund mit dem Fineliner auf.
5. Stanze mit Hilfe einer Lochzange in jede Fischflosse zwei kleine Löcher.
6. Fädle die Kordel durch die beiden Löcher einer Flosse, ziehe ein paar Perlen auf und weiter geht es mit dem nächsten Fisch. Wiederhole das so oft, bis du alle Fische zu einer langen Girlande aufgereiht hast.

Tipp

Falls du diese Girlande frei im Raum oder ans Fenster hängen möchtest, solltest du die Fische beidseitig mit Fischgräten versehen.

Du brauchst

- Pappe (unbedruckt)
- lange Kordel zum Aufhängen
- Holzperlen
- Lochzange
- selbst gemachtes Bastelpapier in verschiedenen Farben
- Bastelfarbe in Weiß, Schwarz
- Streichholz
- Fineliner in Schwarz, permanent
- Uhu Klebestift

PUSTEDRACHE

Mit diesem Drachen wird es nie langweilig.
Erst wird gebastelt und anschließend gespielt.
Auf die Plätze, fertig und los...

1. Übertrage die Vorlage (S. 71) für die Augen zwei Mal auf dünne Pappe und schneide diese aus.

2. Male die Klorolle und die Pappaugen dünn mit grüner Bastelfarbe an.

3. Schneide aus dem Seidenpapier von jeder Farbe etwa 1 cm breite und 8 cm hohe Dreiecke aus.

4. Schneide aus dem selbst gemachten Bastelpapier mit Hilfe einer Zackenschere vier Zahnreihen (zwei für jede Seite) aus. Schneide außerdem zwei weiße Kreise für die Augen aus.

5. Für die schwarzen Punkte im Auge stanzt du mit einem Locher aus schwarzem Bastelpapier zwei Kreise aus und klebst sie auf.

6. Schneide für das Maul die bemalte Klorolle seitlich so ein, dass auf den gegenüberliegenden Seiten zwei kleine, längliche Dreiecke entstehen.

7. Befestige dahinter von innen jeweils eine Zahnreihe mit Uhu, sodass von außen die spitzen Zähne sichtbar sind.

8. Teile die Zeitung in zwei Teile, knülle sie zusammen und klebe sie mit je einem Tropfen Heißkleber in die Pistazienschalen. Klebe sie dann als Nasenlöcher auf. Lass dir hierbei von einem Erwachsenen helfen.

9. Für den Feueratem klebst du die Dreiecke aus Seidenpapier mit Klebestift von innen so in das Drachenmaul, dass die spitzen Enden nach vorne zeigen.

10. Klebe die Augen auf. Klappe dafür deren unteren Rand nach hinten, sodass die Augen besser auf der Klorolle haften.

11. Wenn du nun von hinten in die Klorolle pustest, speit der Drache Feuer und lässt die Flammen vorne lustig tanzen.

Du brauchst

- Klorolle
- 2 Pistazienschalen
- etwas Zeitung
- Seidenpapier in Rot, Orange, Gelb
- Bastelfarbe in Grün
- dünne Pappe
- selbst gemachtes Bastelpapier in Weiß, Schwarz
- Locher
- Zackenschere
- Uhu Klebestift
- Heißklebepistole und Klebepatronen

AUTOREIFEN-TORTE

Zum Gefurztag darf bei den Olchis eine Geburtstagstorte aus Autoreifen nicht fehlen. Die lässt sich prima aus Klorollen basteln und dient nicht nur als Geburtstagskarte, sondern kann auch als Einladung zu einer Olchi-Party genutzt werden.

1. Schneide dir aus dünner Pappe ein quadratisches Stück aus.

2. Reiße aus blauem selbst gemachtem Bastelpapier ein Quadrat, das circa 1 cm kleiner ist als die Pappe, und klebe es mittig auf das Pappstück.

3. Schneide von der Klorolle drei etwa 1,5 cm breite Streifen ab. Teile den ersten Streifen mittig mit einer Schere und klappe die äußeren Kanten jeweils 1 cm nach innen. Verfahre mit den anderen beiden Streifen ebenso, kürze diese jedoch so, dass jeder davon ein Stück kleiner ist als der zuvor.

4. Bemale die Klorollenstreifen von außen mit schwarzer Farbe.

5. Für die Kerzen tippst du die Streichhölzer mit der bunten Spitze in gelbe Farbe und piekst sie zum Trocknen in ein Stück Styropor. Nach dem Trocknen malst du das Holz rot an.

6. Aus dem selbst gemachten Bastelpapier schneidest du bunte Dreiecke für die Girlande aus. Diese klebst du mit Uhu am oberen Rand auf.

7. Klebe die Kerzen von innen an die Klorollenstreifen. Der kürzeste Streifen bekommt nur eine Kerze.

8. Klebe die drei mit Kerzen versehenen Klorollenstreifen der Größe nach von unten nach oben als Autoreifen-Torte mit etwas Heißkleber auf die Karte. Lass dir dabei von einem Erwachsenen helfen!

Tipp

Du kannst die Geburtstagskarte natürlich auch noch personalisieren und aus dünner Pappe einen Wimpel schneiden, den du mit dem Namen des Geburtstagskindes beschriftest.

Du brauchst

- Pappe
- selbst gemachtes Bastelpapier in verschiedenen Farben
- Klorolle
- 10 Streichhölzer
- Bastelfarbe in Gelb, Rot, Schwarz
- Uhu Klebestift
- Heißklebepistole und Klebepatronen

ANHÄNGER: OLCHIS ...

Du brauchst

- Pappe
- Zirkel
- Schwammpinsel
- Klorolle
- Bastelfarbe in Grün, Gelb, Blau, Rosa, Weiß
- Kordel
- selbst gemachtes Bastelpapier
- bunte Holzperlen
- permanenter Fineliner in Schwarz
- Uhu Klebestift
- Lochzange

Du brauchst

- Pappe
- selbst gemachtes Bastelpapier
- Transparentpapier in Weiß
- Bastelfarbe in Schwarz, Weiß
- Pistazienschalen
- etwas Zeitungspapier
- Kordel
- Heißklebepistole und Klebepatronen
- Uhu Klebestift
- Lochzange

... UND FLIEGE

Ob als Deko, Geschenkanhänger oder Kette - diese krötigen Olchis sind schnell gebastelt.

Fliegenschiss war gestern - hier summt und brummt es fröhlich vor sich hin. Die kecken Fliegen machen sich wunderbar als kleine Geschenkanhänger und dürfen in Schmuddelfing auf keinen Fall fehlen!

OLCHI

1. Zeichne mit dem Zirkel einen etwa 12 cm großen Kreis auf ein Stück Pappe und schneide diesen aus.
2. Bemale eine Klorolle am unteren Rand mit grüner Bastelfarbe, stemple damit einen Kreis mittig auf die Pappe und lass ihn trocknen. Male das Innere mit verdünnter grüner Bastelfarbe aus.
3. Tippe mit einem kleinen Schwammpinsel in Bastelfarbe und gestalte damit einen lustigen Rand mit Punkten. Mit zwei Farben im Wechsel wird es bunter.
4. Schneide dir aus dem Bastelpapier drei Hörhörner, eine Nase und einen spitzen Zahn aus und klebe diese mit Uhu auf den Olchi-Kopf.
5. Male den Mund mit Fineliner auf, tupfe mit einem Pinselstiel weiße Bastelfarbe als Augen auf und lass sie trocknen. Male mit Fineliner schwarze Punkte als Pupillen auf.
6. Stanze mit der Lochzange oben mittig ein Loch in den Kreis, schneide ein Stück Kordel ab, ziehe diese durch das Loch, fädle 2–3 Perlen auf und verknote die Enden.

FLIEGE

1. Übertrage die Vorlage (S. 71) für den Anhänger auf Pappe und schneide diese aus. Reiße dir aus dem selbst gemachten Bastelpapier ein Rechteck aus und klebe es auf den Anhänger.
2. Bemale die Pistazienschale von oben mit schwarzer Farbe. Achtung: Die Schale muss trocken und sauber sein, damit die Farbe hält!
3. Schneide aus dem Transparentpapier ein Paar Flügel aus (Vorlage S. 71).
4. Rolle das Zeitungspapier zu einer kleinen Kugel. Klebe sie mit Heißkleber von unten in die Pistazienschale und klebe dann die Fliege mit Heißkleber auf den Anhänger. Lass dir dabei von einem Erwachsenen helfen.
5. Befestige die Flügel mit Uhu auf dem Rücken und male erst mit weißer, dann mit schwarzer Bastelfarbe Augen auf. Schreibe einen Gruß oder Namen auf den Anhänger.
6. Stanze mit der Lochzange oben mittig ein Loch in den Anhänger. Schneide ein Stück Kordel ab, ziehe diese durch das Loch und verknote die Enden.

KUNTERBUNTE KONFETTIKANONE

Lass die Korken knallen - oder gleich eine selbst gemachte Konfettikanone, die für gute Laune sorgt. Die sollte auf keinem Gefurztag fehlen!

1. Bemale die Klorolle dünn mit blauer Bastelfarbe. Trocknen lassen.

2. Für das Konfetti stanzt du mit einem Locher aus bunten Papierresten kleine Kreise aus.

3. Schneide den Luftballon etwa in der Mitte durch, sodass die obere runde Spitze abgetrennt wird. Binde den unteren Teil mit einem festen Knoten zusammen und ziehe den Ballon mit dem offenen Stück über den unteren Rand der Klorolle.

4. Damit der Ballon fest auf der Klorolle sitzt, umklebe diesen mit etwas Masking Tape.

5. Weil eine solche Konfetti Kanone für gute Laune sorgen sollte, kannst du die Klorolle noch mit einem schönen Muster versehen. Male dazu mit Bastelfarbe ein Muster mit Hilfe von Wattestäbchen, Streichholz oder Zahnstocher auf.

6. Befülle nun deine Konfettikanone mit dem selbst gemachten Konfetti, ziehe den Luftballon am unteren Teil nach unten und lass ihn los. Und hui, schon segelt das bunte Konfetti umher!

Du brauchst

- Klorolle
- bunte Papierreste
- Locher
- Masking Tape
- Luftballon
- Bastelfarbe in Blau, Grün

Tipp

Eine solche Konfettikanone ist übrigens ein super Geburtstagsgeschenk. Und falls du keine Lust hast, Konfetti selbst zu machen, kannst du eine solche auch einfach mit kleinen Pompom-Kugeln befüllen.

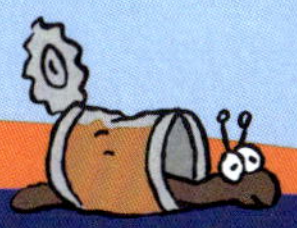

OLCHIGE HALSKETTE

Die Olchi-Mutter trägt gerne eine Halskette mit Knochen um den Hals. Du kannst dich mit einer selbst gemachten Olchi-Kette schmücken. Hast du Lust?

1. Drücke eine Klorolle etwas platt und runde mit der Schere die Ecken so ab, dass es aussieht wie ein Olchi-Kopf.
2. Bemale die Klorolle und ein Stück dünne Pappe mit grüner Wasserfarbe.
3. Schneide aus dem selbst gemachten Bastelpapier Nase, Augen, Wangen und einen Mund aus.
4. Aus der bemalten Pappe schneidest du drei Hörhörner aus und klebst sie von hinten an die Klorolle.
5. Klebe mit Uhu Augen, Wangen, Mund und Nase auf und zeichne den Mund ggf. noch etwas mit dem schwarzen Stift nach.
6. Ziehe die Lederkordel durch die Klorolle und mach auf jeder Seite möglichst dicht an der Klorolle einen Knoten. Auf jede Seite kannst du nun noch ein paar bunte Perlen aufziehen und die Enden der Lederkordel oben verknoten.

Du brauchst

- Klorolle
- dünne Pappe
- Wasserfarbe in Grün
- dünne Lederkordel
- bunte Holzperlen
- selbst gemachtes Bastelpapier
- Fineliner in Schwarz, permanent
- Schere
- Uhu Klebestift

FEUERSTUHL

Kennst du den Drachen Feuerstuhl, der die Olchis oft und gerne umherfliegt? Den kann man wunderbar selber machen. Einfach drachenstark!

1. Übertrage die Drachenkörper- und Flügelvorlage (S. 72) auf Pappe und schneide diese aus.

2. Male den Pappdrachen, Flügel sowie den Deckel der Käseschachtel mit grüner Bastelfarbe an und lass sie trocknen.

3. Schneide kleine Dreiecke für die Krallen aus dünner Pappe aus und klebe sie auf die Füße.

4. Zupfe das Seidenpapier in kleinere Stücke, knülle sie lose zusammen und klebe sie mit Uhu in die Käseschachtel.

5. Fixiere die befüllte Käseschachtel mit etwas Heißkleber auf dem Körper des Pappdrachens. Klebe den Flügel mit einem Tropfen Heißkleber auf das Seidenpapier auf. Lass dir hierbei von einem Erwachsenen helfen.

6. Aus dem selbst gemachten Bastelpapier schneidest du ein paar Schuppen für den Flügel und ein paar kleine Stücke für den Drachenschwanz aus. Klebe alles auf.

7. Loche aus dem Bastelpapier einen weißen und einen rosa Punkt und klebe sie dem Drachen als Auge und Wange auf. Zeichne mit dem Fineliner einen Punkt ins Auge. Schneide ein Oval aus braunem Bastelpapier aus und klebe es als Nasenloch auf. Schneide aus dem weißen Papier zwei Zähne aus und klebe sie unter die Drachennase.

Tipp

Mit einem hellblauen Lackstift kann man dem Drachen noch kleine Pünktchen oben auf die Zacken am Rücken tupfen.

Du brauchst

- Pappe
- selbst gemachtes Bastelpapier in Blau, Weiß, Rosa, Braun
- Seidenpapier in Grün
- Deckel einer Käseschachtel, oval
- Bastelfarbe in Grün
- Fineliner in Schwarz, permanent
- Uhu Klebestift
- Heißklebepistole und Klebepatronen
- Locher

PARTY GIRLANDE MIT OLCHIS

Mit dieser tollen Upcycling-Girlande holst du dir die Olchis direkt ins Kinderzimmer. Und falls du gerade eine coole Party planst, hast du so auch gleich eine stimmungsvolle Deko zur Hand.

1. Übertrage die Wimpel-Vorlage (S. 72) in der gewünschten Stückzahl auf Pappe und schneide diese aus. Wiederhole diesen Schritt, nimm aber dieses Mal statt Pappe buntes Bastelpapier.

2. Klebe die bunten Wimpel nun mit Uhu auf die Pappwimpel. Überstehende Ränder kannst du mit einer Schere begradigen.

3. Stanze mit der Lochzange in jeden Wimpel am oberen Rand zwei Löcher.

4. Für die Olchi-Gesichter bestreichst du den Korken auf der Unterseite dünn mit grüner Bastelfarbe und stempelst damit einen Kreis auf jeden Wimpel. Bemale den Korken vor jedem Stempelvorgang erneut mit Farbe und lass diese trocknen.

5. Schneide aus grünem Bastelpapier für jeden Olchi eine Nase aus und klebe sie auf das Gesicht. Male den Mund mit Fineliner auf.

6. Zeichne die Hörhörner mit dem grünen Lackstift auf.

7. Tupfe mit einem Streichholz und weißer Bastelfarbe zwei Augen über der Nase auf. Sobald diese getrocknet sind, stempelst du zwei kleine schwarze Pünktchen mit schwarzer Farbe hinein.

8. Wenn alle Wimpel fertig sind, ziehst du eine Kordel hindurch und reihst alle zu einer langen Girlande auf.

Du brauchst

- Pappe
- selbst gemachtes Bastelpapier in verschiedenen Farben
- Sektkorken
- Bastelfarbe in Grün, Schwarz, Weiß
- Streichholz
- Lackstift in Grün
- Fineliner in Schwarz, permanent
- Lochzange
- lange Kordel zum Aufhängen
- Uhu Klebestift

Tipp

Planst du eine Olchi-Party? Bastelt diese Girlande doch zusammen. Jeder Gast kann seinen eigenen Wimpel gestalten, aus denen man nachher eine gemeinschaftliche Girlande zusammenstellt und eine tolle Erinnerung an die Feier hat!

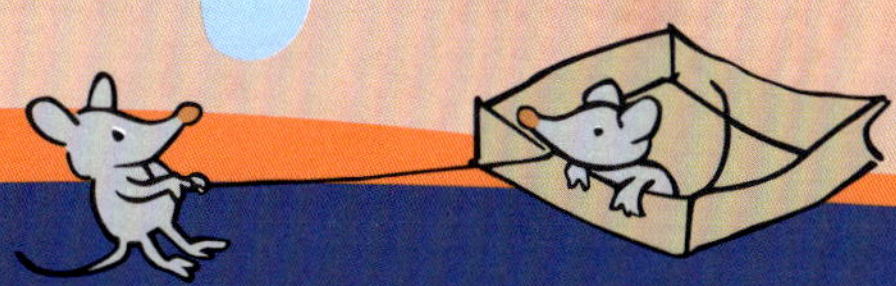

OLCHI-WINDLICHTER

Tipp

Falls du mehrere dieser Olchi-Lichter basteln möchtest, kannst du verschiedene Grüntöne verwenden. Vermische dafür einfach etwas Gelb oder Weiß mit grüner Bastelfarbe.

Sicher sammeln sich auch bei dir oft leere Marmeladengläser an. Zum Wegwerfen sind sie viel zu schade. Mach doch einfach kleine Windlichter draus. Der Olchi leuchtet super auf dem Tisch und auf der Fensterbank.

1 Tupfe zuerst mit Hilfe eines Schwammpinsels grüne Bastelfarbe auf das Glas und lass diese trocknen. Den oberen Rand und die Unterseite kannst du weglassen.

2 Schneide dir aus dem selbst gemachten Bastelpapier Augen, Nase und Zahn aus. Die drei Hörhörner schneidest du aus stabilerem Tonpapier aus.

3 Klebe für das Gesicht Augen und Nase mit Uhu auf. Zeichne den Mund mit dem Fineliner und klebe den Zahn an der Seite darunter.

4 Klebe die Hörhörner oben mittig mit je einem Tropfen Heißkleber am Glas fest. Lass dir hierbei von einem Erwachsenen helfen.

5 Jetzt musst du nur noch ein Teelicht ins Glas stellen und fertig ist der leuchtende Olchi!

Du brauchst

- leeres Marmeladenglas
- Bastelfarbe in Grün, Schwarz
- Schwammpinsel
- Tonpapier in Grün
- selbst gemachtets Bastelpapier in Grün, Weiß
- Fineliner in Schwarz, permanent
- Uhu Klebestift
- Heißklebepistole und Klebepatronen
- Teelicht

ARMBÄNDER AUS SCHMUDDELFING

Du brauchst
- Klorollen
- Bastelfarbe
- Schere
- evtl. Fineliner in Schwarz, permanent

OLCHI-RINGE

Du brauchst
- Pfeifenreiniger
- Pappe
- Bastelfarbe
- Lochzange
- Fineliner in Schwarz, permanent
- Uhu Klebestift

Muffelfurzteufel nochmal, sind die vielleicht cool und so schnell gebastelt!

Natürlich dürfen auch diese tollen krötigen Ringe nicht fehlen. Da würde der blaue Nachbar der Olchis glatt vor Neid erblassen!

ARMBAND

1. Schneide von der Klorolle einen ca. 4 cm breiten Streifen ab. Diesen trennst du an einer Seite mittig auf und rundest die Kanten mit einer Schere leicht ab.
2. Bemale die Klorolle in einer Farbe deiner Wahl. Sobald die Farbe trocken ist, kannst du darauf einen Olchi-Kopf, eine Fischgräte oder ein anderes Motiv aus einem deiner Lieblings-Olchi-Bücher malen.

RING

1. Schneide aus dünner Pappe einen Kreis (ø 2 cm) pro Ring aus.
2. Stanze mit der Lochzange in den Kreis zwei kleine Löcher, die wie bei einem Knopf nebeneinander liegen.
3. Ziehe durch das eine Loch von unten ein Stück Pfeifenreiniger hindurch, durch das andere Loch wieder nach unten. Biege ihn um deinen Finger, damit du die Größe anpassen kannst und zwirble dann die Drahtenden fest ineinander.
4. Überlege dir ein Motiv für den Ring. Dementsprechend schneidest du noch einen Olchi, Fisch, Stern, Kreis, eine Blüte oder ein anderes Motiv deiner Wahl aus dünner Pappe aus.
5. Bemale Kreis und Motiv mit Bastelfarbe. Mit einem Fineliner lassen sich filigrane Muster auftragen.
6. Klebe zum Schluss das Motiv mit Uhu auf den Kreis.

KORKEN-OLCHI

Du brauchst

- Sektkorken
- Bastelfarbe in Grün, Weiß, Schwarz
- Handbohrer
- Streichhölzer
- Streichholzschachtel
- selbst gemachtes Bastelpapier in Weiß
- dünne Pappe
- bunte Papierreste
- Packpapier
- Fineliner in Schwarz, permanent
- Uhu Klebestift
- Heißklebepistole und Klebepatronen

Ob als kleines Mitbringsel, Mitgebsel auf dem Geburtstag oder einfach als kleines Geschenk für gute Freunde - diese Olchis sorgen für gute Laune und strahlende Gesichter, wetten?

1 Bemale einen Sektkorken, drei Streichhölzer sowie ein kleines Stück Pappe mit grüner Bastelfarbe.

2 Schneide vom Packpapier einen Streifen ab, der um die Streichholzschachtel passt. Bestreiche ihn dünn mit Uhu und wickle den oberen Teil der Streichholzschachtel damit ein. Schneide überstehende Ränder mit einer Schere ab.

3 Male mit Bastelfarbe ein Muster auf die Schachtel oder klebe Konfetti auf.

4 Schneide die Papierreste in kleine Schnipsel. Damit kannst du den inneren Teil der Streichholzschachtel befüllen.

5 Schneide vom Bastelpapier einen Streifen ab, den du um den unteren Teil des Sektkorkens klebst. Wenn du magst, kannst du dieses „T-Shirt" mit kleinen Details schmücken, die du aufklebst oder malst.

6 Bohre mit Hilfe des Handbohrers oben in den Korken drei kleine Löcher und stecke die Streichhölzer hinein. Kürze sie bei Bedarf. Lass dir hierbei von einem Erwachsenen helfen.

7 Schneide aus der grünen Pappe eine Nase sowie einen dünnen Streifen aus. Diesen klebst du als Schlaufe um ein Streichholz und fixierst es mit einem Tropfen Heißkleber am Olchi. Lass dir auch hierbei helfen.

8 Aus dem selbst gemachten Bastelpapier schneidest du ebenfalls einen Streifen, beschriftest diesen mit einem kleinen Gruß oder Namen und klebst ihn als Fahne oben um das Streichholz herum.

9 Klebe die Nase auf und male mit Bastelfarbe und Stift Augen und Mund auf.

BUNTE GESCHENKANHÄNGER AUS DECKELN

Ob zum Gefurztag, Ostern, Weihnachten oder anderen Anlässen werden das ganze Jahr über Geschenke verpackt. Ab sofort in muffelndem Olchi-Design. Egal ob Spinne, Kröte, Fischgräte oder als Olchi höchstpersönlich, diese Anhänger sind genial!

1. Lege den Deckel auf das selbst gemachte Bastelpapier und umrande diesen mit einem Bleistift. Diesen gemalten Kreis schneidest du aus und klebst ihn in den Deckel hinein.

2. Verziere diesen nun nach Herzenslust mit Motiven deiner Wahl. Kleinere Muster lassen sich mit Hilfe von Schwammpinsel, Fingern, Wattestäbchen, Streichholz oder Zahnstocher aufstempeln.

3. Kleine Motive wie Autoreifentorte, Olchi oder Frosch kann man aus dem selbst gemachten Bastelpapier schneiden. Spinnen können aus alten Knöpfen gebastelt werden oder eine Fliege aus Pistazienschalen. Die Anleitung für die Fliegen findest du auf Seite 39.

4. Mit bunten Resten von Geschenkbändern lassen sich auf den Anhängern auch schöne Ränder gestalten, die sie zu echten Hinguckern und kleinen Kunstwerken werden lassen.

Tipp

Die lustigen Anhänger sind auch als Deko an der Wand eine tolle Idee!

Du brauchst

- Deckel
- Bleistift
- selbst gemachtes Bastelpapier in verschiedenen Farben
- verschiedene Reste (Knöpfe, Zierbänder, Pistazienschalen, dünne Pappe o. ä.)
- Bastelfarbe in verschiedenen Farben
- Kordel
- Fineliner in Schwarz, permanent

DIE OLCHI-BOX FÜR ALLES

Ob als Geschenkverpackung, befüllt als Tischdeko, kleiner Blumentopf oder als praktisches Utensilo auf dem Schreibtisch: diese Olchis sehen nicht nur toll aus, sondern sind ganz vielseitig.

1. Lass dir von einem Erwachsenen das obere Drittel des Milchkartons abtrennen. Ziehe anschließend die oberste Schicht des Milchkartons vorsichtig ab. Eventuell musst du den Karton erst etwas kneten, damit sich diese Schicht besser löst.

2. Übertrage die Vorlage (S. 72) auf den Milchkarton und entferne die oberen Ränder mit einer Schere.

3. Male den Karton dünn mit grüner Farbe an.

4. Schneide aus dem selbst gemachten Bastelpapier Augen, Zahn und Nase aus. Die Wangen kannst du gerne versuchen, herauszureißen. Male die Nase grün an.

5. Klebe die Details zur Gestaltung des Gesichts mit Uhu auf. Anschließend zeichnest du mit Fineliner noch die Augenbrauen und den Mund auf.

Du brauchst

- leerer Milchkarton
- Bastelfarbe in Grün
- selbst gemachtes Bastelpapier in Weiß, Schwarz
- Fineliner in Schwarz, permanent
- Uhu Klebestift

Tipp

Auf einer Gefurztagsfeier eignen sich diese Olchis ganz hervorragend als Deko auf dem Büffet. Gefüllt mit Salzstangen, Knabberbrezeln, grünen Gummifröschen oder anderen Leckereien sind die hier ein echter Blickfang!

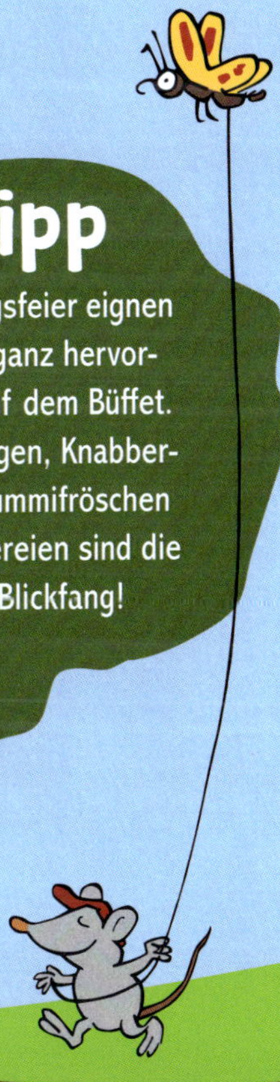

MÜFFELNDE KÄSEFÜSSE

Olchis lieben alles, was stinkt und müffelt. Sie waschen sich auch nie. Mit dieser faulig müffelnden Bastelidee kannst du lustige Käsefüße als Deko fürs Kinderzimmer basteln.

1. Male deinen Fuß von unten mit gelber Bastelfarbe an. Das klappt am besten zu zweit, da man sich so gegenseitig die Füße mit Farbe bestreichen kann.

2. Drucke mit dem bemalten Fuß einen Abdruck auf die Pappe. Nach dem Trocknen schneidest du den Fußabdruck mit etwas Rand aus.

3. Stemple nun die Käselöcher mit Hilfe eines Deckels und Bastelfarbe in Orange auf. Nimm bei großen Füßen dafür eine Klorolle.

4. Für die Fliege drückst du eine Klorolle etwas zusammen, sodass diese die Form einer Fliege bekommt. Tunke die Unterseite der Rolle in schwarze Bastelfarbe und stemple damit auf ein sauberes Stück Pappe. Male das Innere des Abdrucks mit verdünnter schwarzer Farbe aus. Trocknen lassen.

5. Stemple mit den Fingern und weißer Bastelfarbe seitlich je einen Flügel und tupfe mit dem kleinen Finger vorne zwei große schwarze Augen auf.

6. Nach dem Trocknen kannst du je einen kleinen weißen Punkt hineinstempeln.

7. Loche den Pappfuß oben mittig und die Fliege am oberen und unteren Rand.

8. Schneide von der Kordel ein ca. 30 cm langes Stück ab. Ziehe dieses durch den Fuß und verknote das Kordelende auf der Rückseite, damit sie nicht mehr hindurchrutscht.

9. Mache ca. 5 cm über dem Fuß erneut einen Knoten, fädle eine gelbe Perle auf und ziehe dann die Kordel durch die Fliege, sodass diese auf der Rückseite verläuft.

10. Lege das Kordelende zu einer Schlaufe und mache einen Knoten hinein. Daran kannst du den Fuß aufhängen.

Schleime-Schlamm und Käsefuß!

Du brauchst

- dünne Pappe
- Bastelfarbe in Gelb, Orange, Schwarz, Weiß
- kleine Deckel (z. B. von einem Klebestift)
- Klorollen
- Kordel
- Lochzange
- Holzperlen in Gelb

PARTYSPAß

Gefurztagsspaß zum Selbermachen: Mit diesem krötigen Spiel wird der nächste Gefurztag zum Vergnügen. Aber auch bei Langeweile oder Regenwetter keine schlechte Idee!

1. Lass dir zuerst die Blechdosen im Freien von einem Erwachsenen mit Sprühlack besprühen.

2. Sobald der Lack trocken ist, kannst du dir für die Dosen Motive ausdenken: Punkte, Wimpel, Torte, Olchi, Drache, Frosch, Fischgräte, Spinne, Fliege und was immer dir sonst noch einfällt.

3. Entweder schneidest du dir die Motive aus selbst gemachtem Bastelpapier aus und klebst diese auf, oder du malst sie mit Bastelfarbe und Lackstiften auf die Dosen auf. Nutze dafür die Vorlagen auf S. 73.

4. Wenn alles trocken ist, sollte ein Erwachsener die Dosen nochmal mit Klarlack besprühen, damit die Motive gut geschützt sind.

Du brauchst

- 10 leere, saubere Blechdosen
- Sprühlack in verschiedenen Farben
- Klarlack
- Bastelfarbe
- Lackstifte
- selbst gemachtes Bastelpapier
- Fineliner in Schwarz, permanent

Tipp

Stapelt die Dosen zu einem Turm aufeinander und versucht ihn mit weichen Bällen zum Einsturz zu bringen. Oder ihr stellt sie hintereinander auf. Wer mit seinem Ball eine Dose trifft, bekommt Punkte: Die Dose mit dem Olchi gibt 10 Punkte, der Drache 8, der Frosch 6 usw. Da wird das Spiel schon kniffliger. Vielleicht fallen dir ja noch weitere Spielvarianten dazu ein?

PINNWAND IM OLCHI-LOOK

Der Olchi-Großvater ist schon mal vergesslich. Damit er alles Wichtige gut im Blick hat, habe ich ihm eine Pinnwand gebastelt.

1. Übertrage die Vorlage (S. 73) des Kopfes und dessen Umrandung auf die Pappe und schneide beides aus. Solltest du damit Schwierigkeiten haben, lass dir von einem Erwachsenen mit einem scharfen Bastelmesser helfen.

2. Beklebe den unteren Teil des Olchi-Kopfes mit dem Korkpapier und schneide die überstehenden Ränder mit einer Schere ab.

3. Bestreiche den Rand des Olchi-Kopfes dünn mit grüner Farbe und lass ihn gut trocknen.

4. Bestreiche nun die unbemalte untere Seite mit Uhu und klebe sie passgenau auf das mit Kork bezogene Unterteil.

5. Male dem Olchi mit Bastelfarbe Augen, Nase, Mund und Zahn auf.

6. Befestige den Bildaufhänger an der Rückseite oben mittig an dem mittleren Hörhorn. Daran kannst du die Olchi-Pinnwand später über deinen Schreibtisch hängen. Beachte, dass der Bildaufhänger am besten einen Tag trocknen muss, bevor man diesen aufhängen sollte.

Du brauchst

- Pappe, möglichst dick, mehrwellig
- Bastelfarbe in Grün, Schwarz, Weiß
- Edding in Schwarz
- Nadeln für die Pinnwand
- Korkpapier, Din A4
- 1 Bildaufhänger aus Papier
- Uhu Klebestift

KULLERNDE OLCHI-NASE

Verflixt - mit der grünen Olchi-Nase scheint heute etwas nicht zu stimmen. Hast du eine ruhige Hand und kannst die Nase geschickt wieder an die richtige Stelle bugsieren?

1. Befeuchte ein großes Stück Pappe mit einem sauberen, feuchten Schwamm, um daraus Wellpappe herzustellen (die Anleitung findest du auf S. 28, Cooler Eierkopf-Olchi).

2. Bemale das Innere der Käseschachtel, die Wellpappe sowie ein Stück des dünnen Kartons mit grüner Bastelfarbe. Lass alles trocknen.

3. Schneide aus dem selbst gemachten Bastelpapier Augen und Eckzahn für den Olchi aus.

4. Schneide aus der grünbemalten Wellpappe einen langen Streifen in der Breite des Schachtelrands aus. Klebe ihn mit Uhu um die Schachtel.

5. Aus der dünnen Pappe schneidest du die drei Hörhörner aus und klebst diese auf der Rückseite der Käseschachtel fest.

6. Forme aus Wellpappe Augenbrauen und Nase und klebe sie mit Heißkleber in die Schachtel. Achte darauf, dass die Nase am offenen Ende genug Platz für die rollende Kugel bietet, damit das Spiel funktioniert.

7. Klebe Augen und Zahn in der Schachtel auf und male mit dem Fineliner den Mund.

8. Wenn du magst, kannst du mit Kreide noch zwei Wangen malen und verwischen.

9. Lass jetzt die Kugel rollen. Wie schnell schaffest du es, durch Bewegen der Käseschachtel diese in den vorderen Teil der Nase zu bringen?

Du brauchst

- runde Käseschachtel
- Bastelfarbe in Grün
- Pappe
- Schwamm
- dünner Karton
- selbst gemachtes Bastelpapier
- Perle oder Murmel
- Fineliner in Schwarz, permanent
- Uhu Klebestift
- Heißklebepistole und Klebepatronen
- evtl. Pastellkreide in Grün

GESCHENK-VERPACKUNG MIT FEUERSTUHL

Die Olchis feiern nicht nur einmal im Jahr Geburtstag wie wir, sondern so oft sie Lust haben. Aber dafür gibt es hier eine coole Geschenkverpackung, die die Olchis dagegen vor Neid erblassen lassen. Damit kommst du beim nächsten Gefurztag ganz groß raus, wetten?

Du brauchst

- Bastelfarbe in Grün, Schwarz, Weiß
- Kordel
- Buchstabenperlen
- kleine Holzperle
- selbst gemachtes Bastelpapier in Hellblau
- Packpapier
- Fineliner in Schwarz, permanent
- Uhu Klebestift

1. Verpacke das Geschenk zuerst in Packpapier.
2. Für Feuerstuhls Körper bemalst du die Handinnenfläche mit grüner Bastelfarbe und stempelst einen Handabdruck mittig auf das verpackte Geschenk.
3. Für den Kopf stempelst du über dem Daumen noch einen Fingerabdruck mit grüner Farbe auf.
4. Übertrage die Vorlage für den Flügel (S. 71) auf selbst gemachtes Bastelpapier. Schneide ihn, zwei Zähne und Dreiecke aus und klebe sie auf.
5. Tupfe mit weißer und schwarzer Bastelfarbe die Augen auf. Den Mund und die Krallen malst du mit dem Fineliner auf.
6. Reiße aus dem Bastelpapier kleine Stücke und klebe diese dem Drachen auf den Körper.
7. Fädle mit den Buchstabenperlen einen kleinen Gruß oder den Namen des Geburtstagskindes auf die Kordel und binde diese dann um das Geschenk. Die Enden zu einer Schleife binden, sodass man die Kordel nach dem Verpacken noch nutzen kann.

GESCHENKTÜTE MIT OLCHI

Tipp

Die Geschenktüte ist in der Regel sehr stabil. Daher muss man diese nach dem Auspacken nicht wegwerfen und kann sie auch mehrfach verwenden oder auch als Aufbewahrung nutzen!

Eben habe ich dir gezeigt, wie man mit dem Feuerstuhl die Geschenke cool verpacken kann. Wie wäre es nun mit einer Olchi-Idee?

1. Für den Olchi bemalst du deine Handinnenfläche und 3 Finger mit grüner Farbe und stempelst damit einen Abdruck mittig auf die Papiertüte. Mit einem Schwammpinsel lässt sich ein solcher Abdruck bei Bedarf noch etwas ausbessern und korrigieren.

2. Während die Farbe trocknet, schneidest du aus dem Bastelpapier kleine Wimpel für die Girlande aus und klebst diese nebeneinander an den oberen Tütenrand.

3. Stanze mit einem Locher etwas Konfetti aus dem Bastelpapier aus und klebe es seitlich neben den gestempelten Olchi.

4. Für das Olchi-Mädchen schneidest du Augen und Nase aus grünem Bastelpapier aus. Haare und Mund zeichnest du mit dem schwarzen Stift. Die Spangen im Haar kannst du entweder ebenfalls aufmalen oder auch aus Papierresten ausschneiden und aufkleben.

5. Schneide aus dem unbedruckten Rand einer Zeitung einen langen Wimpel aus und schreibe einen Geburtstagsgruß darauf. Klebe diesen auf und tupfe mit Bastelfarbe oder Stiften bunte Pünktchen daneben.

Du brauchst

- Geschenktüte aus Kraftpapier
- Bastelfarbe in Grün
- selbst gemachtes Bastelpapier in verschiedenen Farben
- Locher
- schwarzen Filzstift
- Uhu Klebestift

VORLAGEN

Krötige Partylichter Seite 22

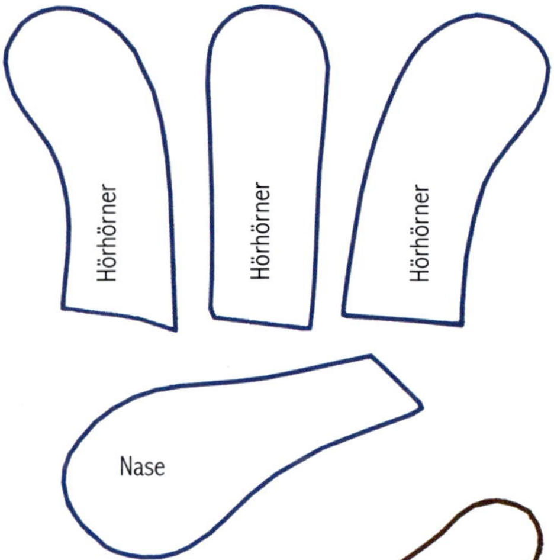

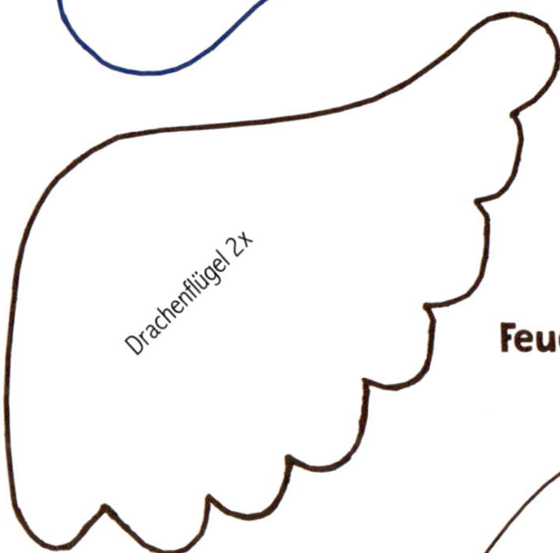

Cooler Eierkopf-Olchi Seite 28

Feuerstuhl-Laterne Seite 20

Diese Vorlage bitte auf 200 % vergrößern.

Olchi am Stiel
Seite 30

Pustedrache
Seite 34

Geschenkverpackung mit Feuerstuhl
Seite 66

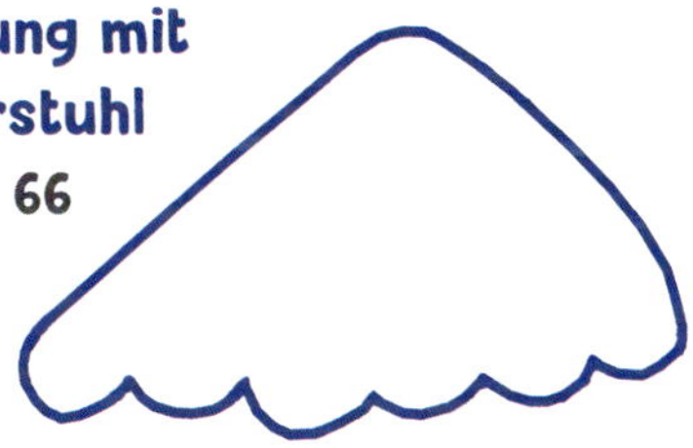

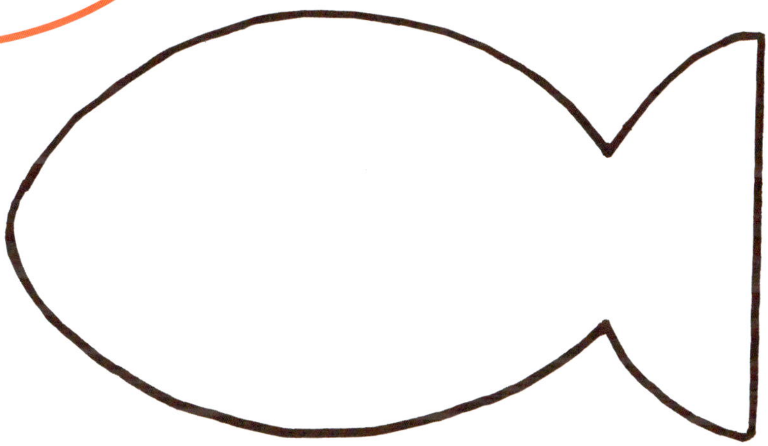

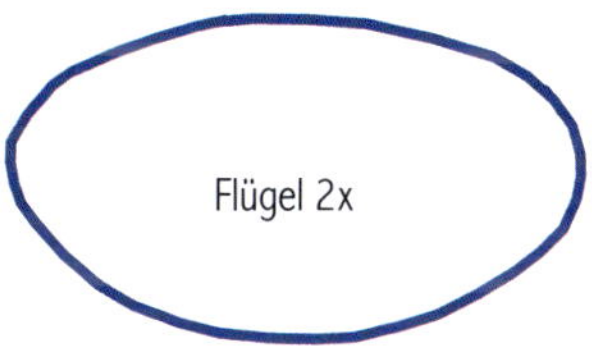

Anhänger Fliege
Seite 38

Fischgräten-Girlande
Seite 32

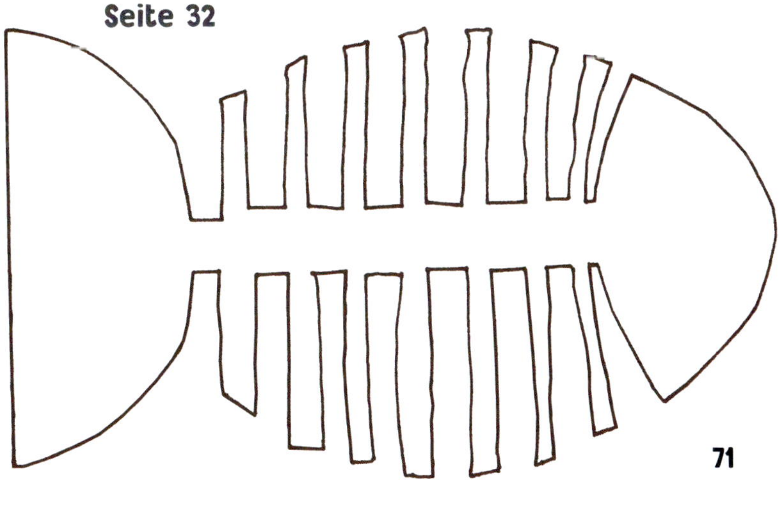

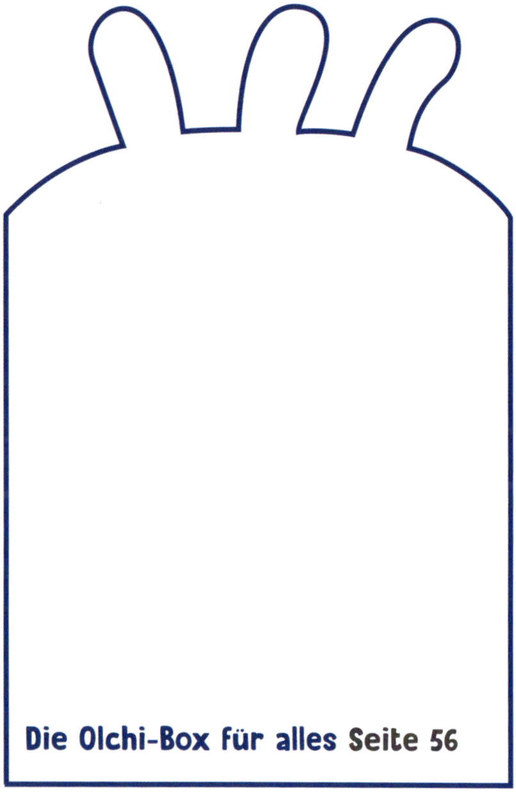

Die Olchi-Box für alles Seite 56

Partygirlande mit Olchis Seite 46

Feuerstuhl
Seite 44

Diese Vorlage bitte auf 200 % vergrößern.

Pinnwand im Olchilook
Seite 62

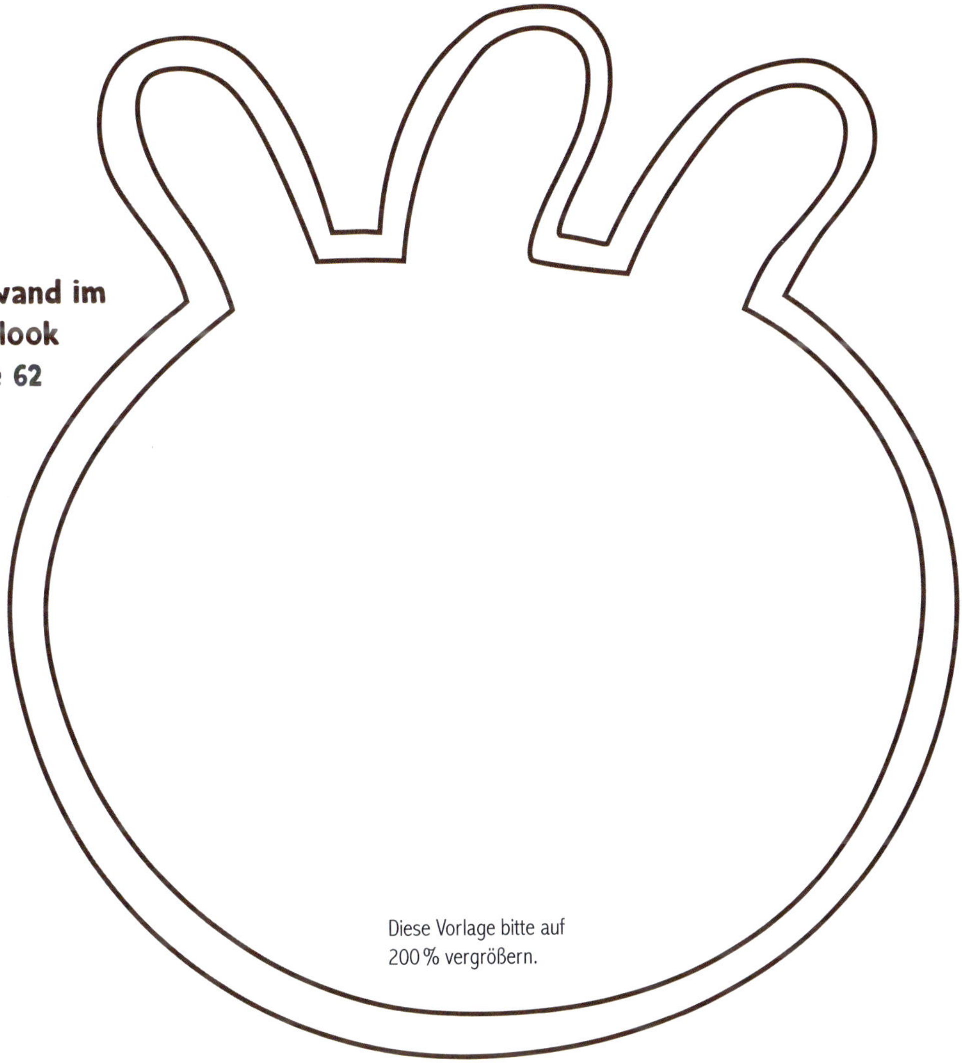

Diese Vorlage bitte auf 200 % vergrößern.

Partyspaß
Seite 60

BUCHEMPFEHLUNGEN FÜR DICH

Noch mehr Kreativ-Bücher zum gleichen Thema gesucht?

ISBN 978-3-7724-8460-5

ISBN 978-3-7724-4454-8

ISBN 978-3-7724-4391-6

ISBN 978-3-7724-7626-6

ISBN 978-3-7724-4960-4

ISBN 978-3-7724-8456-8

ISBN 978-3-7724-7810-9

ISBN 978-3-7724-7833-8

ISBN 978-3-7724-4465-4

Viele weitere Kreativ-Bücher findest du auf www.TOPP-kreativ.de

// #TOPPPROJEKT

Die eigene Kreativität zeigen: TOPPprojekt mit anderen Kreativen teilen und Teil der Gemeinschaft werden.

DIY-begeistert und auf Instagram? Dann unbedingt mitmachen! Hier gibt's Tipps und Feedback zu den eigenen Projekten. Außerdem verlosen wir jeden Monat ein Überraschungspaket. Um am Gewinnspiel teilzunehmen, einfach ein Bild vom Kreativ-Projekt aus unseren Büchern mit #TOPPprojekt posten und unserem Account @frechverlag folgen. Mehr Infos auf TOPP-kreativ.de/TOPPprojekt

Website
Auf TOPP-kreativ.de kannst du ein riesiges Angebot von über 1.000 Kreativbüchern, Sets & mehr entdecken.

Newsletter
Gleich anmelden unter: TOPP-kreativ.de/newsletter und immer als Erstes von unseren Neuheiten und Sonderaktionen erfahren.

Instagram
@frechverlag

Pinterest
pinterest.com/frechverlag

Facebook
facebook.com/frechverlag

DigiBib
Hier findest du zusätzlich zu vielen unserer Bücher digitale Extras, wie Video-Tutorials, Plotter-Dateien, Vorlagen, Übungsblätter & vieles mehr. Einfach im Impressum deines TOPP-Buchs den Freischalte-Code nachschlagen und exklusive Inhalte freischalten. TOPP-kreativ.de/digibib

Youtube
youtube.com/frechverlag

DANK

Ein besonders großer Dank geht an meine Tochter Nieke, die mir bei all den vielen Bastelideen rund um die Olchis nicht nur eine wertvolle Hilfe und zu jeder Zeit ausgesprochen gute Beraterin war, sondern mir zu diesem Zweck auch gleich ihr gesamte Olchi Buchsammlung zur Verfügung gestellt hat.
Herzlichen Dank auch an Tom, Ida und Ole für die Hilfe bei den Hand- & Fußabdrücken – es hat riesig Spaß gemacht mit euch. Zu guter Letzt auch ein Dankeschön für die Unterstützung durch Material an die Firma Rayher, Edding, Uhu sowie Rico Design.

IMPRESSUM

FOTOS: frechverlag GmbH, 70839 Gerlingen;
lichtpunkt, Michael Ruder, Stuttgart; Autorenfoto: Sabine Seyffert
MODELLE: Sabine Seyffert
ILLUSTRATIONEN: Erhard Dietl
PRODUKTMANAGEMENT UND LEKTORAT: Sandra Aichele
LAYOUT UND SATZ: Lena Heper, FSM Premedia GmbH & Co. KG, Münster
DRUCK UND BINDUNG: Neografia, Slowakei

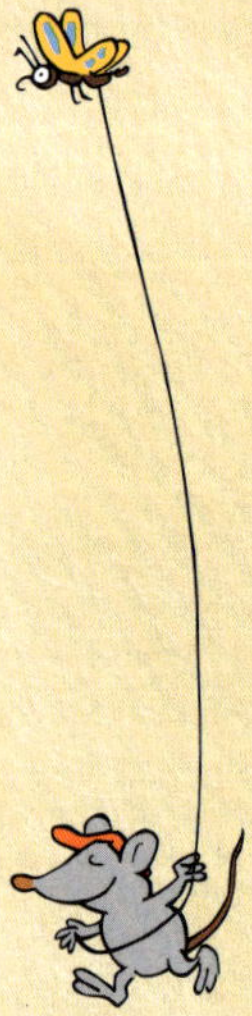

Materialangaben und Arbeitshinweise in diesem Buch wurden von der Autorin und den Mitarbeitern des Verlages sorgfältig geprüft. Eine Garantie wird jedoch nicht übernommen. Das Werk und die darin gezeigten Modelle sind urheberrechtlich geschützt. Die Vervielfältigung und Verbreitung ist, außer für private, nicht kommerzielle Zwecke, untersagt und wird zivil- und strafrechtlich verfolgt. Dies gilt insbesondere für eine Verbreitung des Werkes durch Fotokopien, Film, Funk und Fernsehen, elektronische Medien und Internet sowie für eine gewerbliche Nutzung der gezeigten Modelle. Bei Verwendung im Unterricht und in Kursen ist auf dieses Buch hinzuweisen.

Genehmigte Lizenzausgabe
© 2023 Verlag Friedrich Oetinger GmbH · Max-Brauer-Allee 34 Hamburg
© 2023 Erhard Dietl
Lizenz durch KIDDINX Media GmbH, Berlin

1. Auflage 2023
© 2023 frechverlag GmbH, Dieselstr. 5, 70839 Gerlingen, einem Unternehmen der Penguin Random House Verlagsgruppe GmbH, München

ISBN: 978-3-7358-9057-3 Best.-Nr. 29057

FSC
www.fsc.org
MIX
Papier | Fördert gute Waldnutzung
FSC® C020353

Penguin Random House Verlagsgruppe
FSC® N001967

Kreativ-Hotline

Wenn Sie Fragen zu den Anleitungen in diesem Buch haben, schreiben Sie einfach eine E-Mail an:

mail@kreativ-service.info

oder rufen Sie uns an unter:

0711 / 123 757 20*.

*normale Telefongebühren